Loving You like a Mexican

"You have to think of me what you think of me. I had
To live my life, even its late, florid style. Before
You judge this, think of her. Then think of fire,
Its laughter, the music of splintering beams & glass,
The flames reaching through the second story of a house
Almost as if to—mistakenly—rescue someone who
Left you years ago. It is so American, fire. So like us.
Its desolation. And its eventual, brief triumph."

–Larry Levis

dedicated to being the love of your own life & the mistakes we purposely make in the pursuit of romance…

contents

1 Notions of Self	8
2 Ahora me doy cuenta de algo	10
3 Goddamn Mexicans	12
4 Dreams deferred	14
5 Esperando la promesa de los sueños	16
6 2020 was a fever dream	18
7 La alucinación febril que significó el año 2020	19
8 Ezra Pounds on your Brother's Grave	21
9 Ezra Pound se recuesta sobre la tumba de tu hermano	22
10 El Monte	23
11 El Monte	25
12 EBT poem	27
13 Poema EBT	28
14 a principios de los finales del mundo	30
15 Yesterday's rechazos	31
16 Todos los rechazos de ayer	33
17 Who Will Kill America?	35
18 ¿Quién le pondrá una bala en la sien a la nación americana?	37
19 are there any answers at the bottom of this can	40
20 buscando respuesta en mi cerveza	41
21 The man loves himself	42

22	Este hombrecito no para de verse en el espejo	44
23	Speck of Nothing	46
24	Una probadita de la nada	48
25	SMS	50
26	SMS	52
27	tender loins	55
28	Una pequeña historia sobre TenderLoin, San Francisco	61
29	Loving You Like a Mexican	66
30	Un amor mexicano que ninguna telenovela podría replicar	68
31	Brown skin, brown skin	70
32	PIEL MORENA	71
33	new ancestor	73
34	NUEVOS ANCESTROS	74
35	problematic	76
36	problemática	77
37	whore	78
38	PUTITA	79
39	consecrated	80
40	CONSAGRADA	81
41	overheard	82
42	ALGO QUE ESCUCHÉ	83
43	Badland	84
44	EL PARAÍSO PERDIDO	85

45 fuck bus	86
46 FUCK BUS	88
47 I'll hold you without holding you down	90
48 TE SOSTENDRÉ SIN TOCARTE	92
49 Their love	94
50 AMOR FALSOS	96
51 subterranean feelings	98
52 SENTIMIENTOS SUBTERRÁNEOS	100
53 "I love you until the world ends and God dies."	103
54 TE AMARÉ HASTA EL FIN DEL MUNDO Y LA MUERTE DE DIOS	104
55 the edge of the blade that your love cuts with	105
56 el filo de la hoja con la que corta tu amor	107
57 it took me all year to write this	109
58 ME TOMÓ TODO EL AÑO PODER ESCRIBIR ESTO	111
59 Altadena	121
60 ALTADENA	123
61 dog lover	127
62 amores perros	129
63 Getting Hurt On Purpose	133
64 HACIÉNDOME DAÑO A PROPÓSITO	134
65 never	136
66 NUNCA	138
67 a love called regret	142

68 un amor vuelto arrepentimiento	143
acknowledgements	145
about the translator	147
about the author	149

Notions of Self

Before I birthed my son,
I had always wanted to disappear.
Not die, no.
Disintegrate, maybe…
just vanish.
I had little concept of self
after I had broken my own heart.
Broke an old identity apart…
waiting for a future me to tell
me who to be…

I had to build her out of old parts
and I couldn't find anything new
existentialism, used
mexicanidad, used
xicanidad, still rupturing & inventing
itself… everyday… rings true.
my gender, used and misused
and made up anyway
intelligence within academia,
a scam.

No wonder I don't know who I am.
writer, an essence of myself,
not feigned, not fake,
not a part of me but me wholly.

A lover, if not purely contrived,
points to a bravery of spirit
but just the toxin that brought me
into those initial feelings of

Disintegration.

Fading into someone else…
Such a pathetic notion not even
our grandmothers felt.

True romance, a figment
makes our minds and wallets melt.
Why do I still want it for myself?

My

    Self

        Destructive

            Self.

Ahora me doy cuenta de algo

Antes de la llegada de mi hijo
Sentía ganas de irme de la tierra.
No hablo de morir
Sino de un acto mágico de desaparición:
Entrar en una cápsula
Y nunca más volver a ser vista.

Estaba completamente desubicada
Luego de que atravesara con agujas mi propio corazón.
Y haber dejado mi identidad en una casa de empeño
Esperando que el futuro me leyera las cartas
Como una anciana ciega que me cuidó cuando era niña.

Mi identidad tuvo que ser reconstruida con partes usadas
Encontradas en las tumbas de existencialistas que profané
Envueltas en banderas mexicanas compradas un día después
de los festejos por las revolución.

Mi mexicanidad siempre es una construcción en proceso.

Ser mujer es un invento para vender pantimedias
Y los árboles mueren para que la universidad pueda dar
notificaciones de todas mi deudas.

Aunque pueda sufrir de demencia
En el fondo siempre sabré que soy escritora.

¿Fingir? Solamente los orgasmos.
Una amante feroz que vuelca la cama
Buscando en el fondo de la tierra
El inicio de mis deseos de ruptura.

Caí en un espiral
Donde fui desintegrada.

Una patética historia que haría que abuela se sintiera decepcionada.

El amor verdadero no existe
Quienes buscan el romance
Tienen miedo a la soledad
O solamente están necesitados de atención.

Pero, ¿por qué todavía siento ganas de un beso?

Soy completamente autodestructiva.

Goddamn Mexicans

My people

        Awe inspiring   Constellations
Hesitations

Everything   good

Intoxicating   Intoxicated

                              Celebrated

    Agitated   Constipated

        Pinches weyes

Fucking family   Los plebillios

        Los pinches chistes

All the

        Desmadre

Disarray   Perfect meaning

                Perfect

                                  strays

Stratifying   Ratifying   Revolution

    In my skin   Rosarios   Mi nana

Mi todo.

Dreams deferred

When I was a child,
I only had two dreams.

One, become an artist.
Second, be a lawyer.
Be taken seriously.
Move yourself out of poverty.
Defend the defenseless.
Build a voice for the voiceless
or whatever other nonsense

I wrote in that college personal statement.
Another phrase I conjured in that paper:

"Fatherless days turned into years…"

Surprisingly, to you, I didn't
get into UCLA because of
affirmative action…
Or a diversity decision…
Nah.
I'm actually smarter than you.
Genius in a Mexican way
You don't understand.
Smart for an American, so
you get sent to college
and stop having childish dreams
of anything relating to art.

Whatever set me apart,
whatever sets me apart now…

I'm happy I quit law school.

I kept dreaming
No dream deferred
American, no meaning
Home, a feeling

Now I get to deliver these words to you.
Now art is everything that I do.

Esperando la promesa de los sueños

Al final de la infancia
Solamente me quedaron
Dos sueños

El primero
Fue convertirme en artista
Y el segundo
Fue convertirme en abogada;
Para ser tomada en serio
Y nunca buscar en los botes de basura
Algo de comida para saciar mi hambre.
Defender a los oprimidos
Darle una voz a quienes les han cosido los labios
O cualquier otra porquería que suene heroica.

Puse en piedra
Una declaración para los días de escuela:

La ausencia de mi padre
Me hizo odiar los calendarios.

Aunque te sorprenda
No entré en la UCLA
Para cumplir la cuota de diversidad
Soy incapaz de dejar que me metan en ese sobre:
Realmente soy más inteligente que todos ustedes.

Una genialidad muy a la mexicana
Algo difícil de digerir para el sueño americano.
Que, sin embargo, basta para entrar en la universidad
Y detener la rueda antes de llegar a la cima

Dejando que todos mis sueños de ser artista
Sean agitados por el viento.

Cualquier cosa que lleve lejos
Cualquier cosa que me pida la retirada.

Estoy tan feliz de haber abandonado la escuela de leyes.

Y cuando me voy a dormir
Me doy cuenta de lo insignificante del sueño americano
Y despierto tranquila
Al saber que, al menos, tengo un hogar.

Después de tomar un vaso de agua
Podré decir que estas palabras
Son arte puro que suda mi piel.

2020 was a fever dream

Remember when the cops
murdered George Floyd?
And we saw that shit online?
And we all organized ourselves
on social media?

& decided that quarantining was
less important than disrupting
the system?
& the government responded by giving
us lockdown orders?

Who said it was a lockdown? Goddamn lie.

We were not allowed outside
from what time to what time?
Was that not fascism?
I mean,
same as today & always in this state…
& covid seemingly disappeared for the summer?

And the summer heat came with
blazing cop cars & Molotov cocktails?
Holy shit.

I still have some questions…
Sometimes I do miss 2020…

La alucinación febril que significó el año 2020

¿Recuerdas cuando tenías entre tus manos tu iPhone
y veías como los policías le cortaban la respiración a George Floyd?
Era un lindo día de primavera donde las abejas volaban libres.
Y nos dimos cuenta que estar en cuarentena
No es justificación para quedarnos callados:
Vamos a organizarnos
Vamos a poner a trabajar a Zuckerberg y Elon Musk
Vamos a meterle una navaja al sistema
Por detrás, de manera ruín.
Para que el gobierno se muerda las uñas
Y nos suplique, con voz de bebé , ¿podrían regresar a sus casas?

¿Quién dice que el encierro no provoca patear las oxidadas rejas?
A mí no me vengan con mentiras caducadas.

Si me encierran
Gritaré con todas mis fuerzas:
Esto no es más que facismo.
Quiero decir:
¿No les parece extraño?
Cuando llegó el verano
Todo se había calmado.

Y los rayos veraniegos
Hacían collage con las puntas de bombas molotov
Para partir el corazón de los policías
Que nunca entenderán el porqué ya no queremos darles más dinero.

¡Bendita mierda que sale de las alcantarillas!

Si me agarran desprevenida
Voy acabar diciendo:
¡Ay cómo extraño el año 2020!

Tal vez
No lo sé.

Siempre estoy alerta.

Ezra Pounds on your Brother's Grave

If you couldn't have me
for yourself
then you would venture for life
to destroy me.
Such a common enemy,
the man you stabbed your own back for.
Your love, a hatred to yourself.
You believed you could disappear
into your devotion for him.
Maybe God does warn of
Infatuation like this.
You ruined yourself once
to fit into him.
You're destined to play these roles
on an infinity loop. If not in real
Life, then in your mind
as it warps and contorts to fit him.
You are not his rib.
He is not your soul.

Ezra Pound se recuesta sobre la tumba de tu hermano

Te pondrás intenso
cuando entiendas
que no puedo ser de tu propiedad.
Confundiste tu reflejo en el agua con un enemigo
y casi te ahogas luchando contra él.

Te odias tanto a ti mismo
que utilizas a Dios como un escudo.
Te haces pequeño en vez de aceptar tus errores,
y tal vez Dios sí te quiera de esta manera.

Pero, ¿qué pasaría si todo fuera en vano?
Y realmente no seas más que un tibio.
Un hombre creado para ser alimento para gusanos.

Arruinate como se arruina un adicto
Arruinate como se arruina una persona enamorada
En un loop infinito donde la eternidad es un parque
diversiones
Y Dios es una botarga que busca reconfortar tu alma..

Eso es para ti, Dios.

No eres su costilla
No eres nada.

El Monte

It was a city I didn't want to know;
El Monte was my own personal hell.
el-mon-tee
I never wanted to know this country.
Being born here and never being from here —
Everything I know, I wish to know less.
They named the one cool bar Progress;
The opposite of what you get in El Monte.

At Progress Brewing, you progress from one DUI —
to two.
I looked down on the city because I was too much of it.
My mom moved us 13 times before I turned 18 —
Much of that in any apartment complex
That would accept us.

I met all the roaches in El Monte.
I met enough gangsters;
EMF
I met the cops enough times, too;
EMPD
I met suicidal ideations and delusions of grandeur
in El Monte.

Some foos think they can romanticize anything;
even the ghetto.
But if I didn't hate my ghetto, I would've never left.
If I didn't dream of escape, I would've never survived.
If I didn't tell my friends about my plans
to transcend, they'd be stuck behind.
They are stuck behind.

I'm stuck on time —
Trying to unwind.
Trying to remember reasons to appreciate
Reasons to salute my city
Reasons to claim it foo
I don't owe you foos shit.
El Monte wants to claim me;
Not me it.

El Monte

Es una ciudad que pude haberme evitado
El Monte fue mi infierno exclusivo
y lo digo así: el-mon-tee
Nunca quise ser parte de este país
Porque naces aquí, pero nunca forma parte él
Todo lo que sé, desearía que fuera borrado:
Le pusieron de nombre Progreso al bar más genial que conozco
Todo lo contrario a lo que El Monte representa.

En el Progreso pasas al siguiente nivel de bebedora social
Cuando la policía te detiene, un par de veces, por llevar aliento alcohólico
Es como si la ciudad fuera el vacío y estoy cansada de mirarlo
Mi madre nos cambió casi 13 veces de casa, antes de cumplir la mayoría de edad.
Buscábamos cualquier apartamento que nos aceptara.

A todas las cucharas de El Monte, las conocí
Con los gangsters fui más exigente
EMF
Con la policía no tenía más remedio que decir "Buenos días, oficial"
EMPD
Si las ideas suicidas y los delirios de grandeza fueran necesarios
El Monte sería la tierra prometida.

Hay unos pendejos que creen que pueden embellecer hasta el ghetto

Pero si no lo odiaría con toda mi alma, nunca me hubiera marchado
Si no hubiera tenido sueños profundos sobre escapar, no seguiría viva
Si no le hubiera contado todo esto a mis amigos, los deseos de marcharme
Me habría quedado con ellos
Atrapados en El Monte.

Soy presa del paso del tiempo
Tratando de trascender
Contando con los dedos de una mano, razones para no mostrarme resentida
Razones para decirle a mi ciudad que le deseo lo mejor
O tan sólo una, lo suficientemente poderosa, para poder reclamar este espacio de tierra
Y decirle a todo el mundo: "Aquí estoy de regreso y no les debo nada, pendejos!"

Pero no logro encontrar una sola razón.

Si El Monte quiere que vuelva,
Ignoraré todas las llamadas.

EBT poem

Wasting my whole day on the phone home with EBT, and they're still saying they can't process my shit…. they also denied me EDD when I file every year during the summer recess months. The government is playing with our aid, making life more unlivable than ever & I'm meant to somehow educate the youth & our future. I'm college educated & a professional in the educational field. I fall below the poverty line. I feel that our government will continue to destroy us financially as they murder countless innocent people abroad. I'm amazed that my peers talk about voting & they don't talk about revolution. All of our radical heroes in the past spoke & lived revolution, but we won't even utter it. We are far too comfortable & powerless to even envision a future without this government oppression.

Poema EBT

Masticando el cable del teléfono de mi casa

Esperando que los de EBT respondan a mis súplicas

Y por fin arreglen todo su desmadre...

Cada año es la misma historia cuando envío mis papeles

Y rechazan también mi EDD en pleno receso ardiente de verano.

El gobierno está jugando a los avioncitos de papel con nuestra ayuda
Haciendo que la vida se vuelva más insoportable que nunca
Mientras se supone que yo deba ser quien eduque al futuro del país.
Soy una profesional de la educación que carga con todas las credenciales
Pero cada vez más cerca de la pobreza.

Siento que nuestro gobierno seguirá masacrando nuestras cuentas de banco
Y dejará que las personas tomen sus vidas, como si una cosa no tuviera que ver con la otra
Mientras mis compañeros piensan que votar en las elecciones es una especie de revolución
Y no otra actividad diseñada para mantener el sistema sin cambios.

Yo me quedo callada y pienso:
Todos nuestros héroes radicales fueron asesinados frente a miles de personas
Y si cambió algo en nuestras vidas, fue por ellas y ellos.

Estamos demasiado cómodos
Como para movernos de nuestros asientos.
Y no queda más que sospechar que todo esto
Es el éxito de otro de sus sucios planes.

a principios de los finales del mundo

Tengo tantas esperanzas.
Mis sueños alcanzan a volar
aunque se está acabando
El mundo entero por culpa
del estado de los Yankee pendejos.
Mi sueño penúltimo es que no me callen
en las calles.
Ya no es chiste;
ya la pobreza te besa en la boca.
Y tú solamente alcanzas
para comer en MacDonas
y en Estarbucks.
¿Y ellos están usando tus pesos
a pesar cuánto cuesta
cometer horrores contra la humanidad?
¿Cuánto te cuesta?
¿Cuánto te cuesta hacer tu propia cena?
¿Haz tu propio café…?
¿Cuánto te cuesta pensar
poquito más?
¿Haz el boicot?
"¿Qué te cuesta?"
te pregunto.
No te fijes en el mundo —
que arde exigentemente
detrás de mí.
Fíjate en mi último sueño:

¡Revolución a la Mexicana!

Yesterday's rechazos

A mí no me rechazan
si yo ya me rechacé hace siglos.
Siglos antiguos.
Antiguos que a mí ni me pertenecen.

Your rejection reminds me of home.
"Be yourself,"
But… not that way.

¿Qué es eso?
A new Chicana power.
A new kind of goddess.
I can compost your rechazos and create
fertilized feelings on paper for you —
to ingest & regurgitate again.
And again.

She spoke of, "The Last Generation"
— of mestizos.

Yet,

      we mix,

               they mix,

                        I'm here.

We'll respawn after the global and
totalitarian nuclear war.
Spawning. Cucarachas.

Seeds, cucarachas, — whatever.
Los aplastó.
A mí me vale.
Rechazo tu rechazo.
A ver quién gana.

Todos los rechazos de ayer

¿Cómo podrá ser posible
Rechazar mi singular persona
Cuando no te tomo en cuenta?

Desde hace siglos
He borrado cualquier interés
Que puedas tener sobre mí.

Todos los rechazos de ayer
Son una casita de papel
Donde alguien grita:
"¡Por favor, sé solo tú misma!"

Que todo estará bien
Si no me paso de la raya.

Oh, pero ¿quién viene por ahí?
El nuevo poder Chicano
La nueva diosa para los nuevos tiempos
Que sabe cultivar su jardín
Con todos los rechazos hechos composta:
Comerás gracias a mí
Como un pájaro recién nacido
Llorarás cuando me vaya
Te callarás cuando me veas de regreso.

Por siempre para siempre jamás.

El nuevo poder Chicano
La última generación de mestizos

Que se volverá a mezclar
Una y otra vez
Para dar como resultado
Esta poeta que estás escuchando hablar.
Brotamos
Cuando pasó la guerra nuclear global y totalitaria.
¿Has oído que las cucarachas pueden sobrevivir a esta magnitud de evento?
Brotan ellas, las cucarachas, las semillas
O lo que sea.

¡Y yo las aplasto!

Porque a mí
No me importa nada.

Morirás en lo vasto de mi jardín
Y no dejaré que nadie pueda visitarte.

Who Will Kill America?

Stab it in its white, not-from-here chest.
Blast it in its childish, "follow your dreams."
Follow your dreams as you labor to death —
They're making it illegal to retire.
Illegal to divest from this mess —
This madness.
Killing children and
America is ravenous —
For your taxes —
As you guard your assets.
Your bitch wife and your white picket fence.
Your morals and values so fucking low;
The religious call it deadly sins.
Who will kill America?
The Russians? The Chinese? The Palestinians? Or your own government?
The one you won't condemn —
You feel like you are them.
When you talk about genocide and war,
You say "we."
You can go to New York, buy an
Everything bagel
Eat up your privilege
But I think of
Everything you stole from people of color
Everything you stole bleeds:
Into the economy,
Into the future,
Into the dystopian present,
Into everything's been worse since 9/11
Into everything's BEEN BAD since Independence

Day 1
Of America
The unsuspecting fathers of the worst,
Cruelest, most villainous
Most evil nation
In the history of mankind.
Don't be blind
Face the truth
Someone has to kill America —
Who will do it?

¿Quién le pondrá una bala en la sien a la nación americana?

Achuchíllale en su pecho blanco, ajeno a estas tierras
Sácale de sus entrañas eso sueños infantiles que dicen:
"Oh baby, debes seguir tus sueños."
Seguir tus sueños hasta volverte calavera.

Te meterán a la cárcel antes de permitir cobrar tu pensión de retiro.

Es que ya es ilegal dejar que te vayas
Este desastre y esta locura necesitan de tu compañía

Quieren que los acompañes a la matanza de los más pequeños de los hogares
Mientras la nación americana saborea tus impuestos bañados en sangre.

Y tú haces como si hubiera pasado nada
Con la puta de tu esposa ofreciendo frescas limonadas:
Tu moral y tus valores valen lo mismo que los gusanos que salen de la tierra.

La iglesia le gusta hablar de siete pecados capitales
Pero, ¿quién le pondrá una bala en la sien a la nación americana?

¿Los rusos? ¿Los chinos? ¿O los palestinos?
¿O será que nuestro propio gobierno por fin hará lo necesario?

Esos a los que defiendes cuando hablas de guerra y

genocidio
Porque te encanta decir que "se trata de nosotros…"

Y ese "nosotros" solamente existe en tu cabeza.

Ve y anda en La Gran Manzana y compra un bagel que cuesta tu sueldo de un día.
¡Disfruta de tus privilegios, cerdo insaciable!

Mientras te veo comer
Te recordaré todo lo que le has robado a la gente de color
Todo lo que has robado
Hace engordar a la economía
Hace que el futuro se convierta en una bestia distópica
Y para el presente tenemos una revelación:
¡Los terroristas triunfaron y todo se fue a la mierda después del 9/11!

Aunque, realmente, todo ha ido empeorando desde el primer día de la independencia.

Qué bueno que nunca sabremos qué hacían los padres fundadores de esta nación en sus fiestas privadas.

Los villanos originales
Los inventores de la crueldad
De la nación más malvada de este planeta que en cualquier momento explotará.

No te hagas pendejo
Tú no sufres de ceguera:
Es momento de que te consuma la verdad absoluta.

Alguien con buena puntería
Deberá meter una bala en la sien
O mejor en el corazón de esta nación americana.

No vaya ser que los doctores sean capaces de revivirla.

are there any answers at the bottom of this can

If my beer is not full
then it's empty
and I'm always thirsty —
give me a reason
make me better understand
why I need a man

"You're that sexy all by yourself?"

Why, yes.

buscando respuesta en mi cerveza

Todos los cantineros del mundo
Deberían saber que no pueden dejar mi vaso vacío
Porque siempre estoy sedienta.

Demuestren que son los mejores terapeutas del mundo
Y haganme entender cuál es la necesidad de tener un hombre.

"Eres una bomba sexy, querida. Podrías acabar con cualquiera."

Demonios, eso ya lo sabía.

The man loves himself

Teach me how to cry,
Take away your love,
Act like you even gave it up at all.
Have me act like I felt it from you —
Have me recall memories resigned.
Half of your love was all of mine;
Your feats of great athleticism
Kept you from me altogether.
Maybe that was the point.
Maybe you are new leather;
Need breaking in.
Breaking up with you before
We are together.
Make me feel a feeling of longing.
I was trying my best to get you,
Obtain and understand —
Prove to only me that I could get you,
Make it like a game and then
discard upon winning.
Just like men do.
Just like they're taught to,
but I've lost my motivation
since you are so clearly without prize —
no achievement
like that, worth conforming to pity —
Worth becoming your tally,
Or you mine,
I know what number you are;
How they all turn into numbers.
Memory lacks love like you do.

Sometimes I love my numbers,
And my games,
More than my/self.
I don't know when I learned to stop
Speaking up for myself.
You make me feel nothing.

Este hombrecito no para de verse en el espejo

Dame clases en línea para llorar como lo hacen las actrices
Ponme a prueba y confiesa tu amor por mí
Solamente porque quieres escuchar los aplausos de la audiencia.

Yo seré consumida por la trama
Mientras el recuerdo de tus triunfos en los campos de atletismo
Deja en claro que lo nuestro nunca fue suficiente.

Resignación será la palabra del siguiente día
Donde entiendo que todo sucede por una razón.

Eres rígido como el cuero de la chamarra que recibiste al ganar el campeonato.

Me hubiera gustado tener la oportunidad de terminar contigo minutos antes del gran partido.

No te costaba nada
Darme un poquito de esperanza
Lo di todo para estar contigo
Para entender tu forma de ser
Y poder ganarte en tu propio juego.

A los hombres les enseñan a competir y enseñar los músculos
Y eso, tarde o temprano, se vuelve muy aburrido.

Tú no eres el premio de ninguna competencia
Mejor voy a echarme una siesta.

¡¿A quién carajo le importa el número que llevas en tu jersey?!

Todos los hombres se acaban convirtiendo en números
Y las matemáticas no es el lenguaje universal porque no habla del amor

Amo contar hasta el infinito
Desearía nunca detenerme
Pero siempre soy interrumpida
Por el tonto pensamiento de que no vales la pena.

Speck of Nothing

If I tell the truth about how I feel
the mite that has been waiting for information
might relish in knowing…

I've relegated him to such a puny position
but sometimes I still feel him on my chin.

with no effort at all, he holds me down
and I can't move / I can't emote —
I can barely dream
with him on top of me.

He isn't even half of me,
But he owns half of me.
Of my precious part / of my progeny
what's come of me,
what's come out of me,
does not entirely belong to only me.

I cannot let the speck of dust know
that he holds me down.
Holds me perpetually in the sunshine,
keeps me prisoner of the paradise,
of my home state.
Keeps me nestled up against the mountains
where he imagines
what I do without him.
He has a right to know
where I am
for eighteen years.

Eleven more to go…

Can I make it?

Una probadita de la nada

El pequeño grillo que me sigue a todas partes
Está esperando un descuido mío
Donde le cuente todos mis traumas y pueda escribir un profile en el New Yorker.

¿Qué hice yo para merecer un insecto tan pretencioso?
Me gustaría aplastarlo pero tiene familia, siete bocas que alimentar y además pertenece a un sindicato.

Pero el pequeño bastardo tiene una fuerza descomunal
Sabe defensa personal y podría envenenar mi comida.
En las noches le encanta dormir sobre mi frente y eso causa que tenga pesadillas.

Cada madre lidia como quiere con las complejidades de la maternidad.

Salvaré a mi pequeño bebé de todas las historias que me hacen sufrir vergüenza
Venderé uno de mis riñones antes de que me explique para qué necesita el dinero
Nada de lo que haga con su vida tendrá que ver conmigo.

Pero, por el momento, todo será mantenido en secreto
Porque no puede saber que extraño mirar el amanecer después de una larga fiesta.
Me mantiene cautiva en la cocina, lavando los platos
En un paraíso de juguetes didácticos
Donde construye con legos una réplica de la ciudad de mi nacimiento.

Él sabrá lo que hago y adónde voy durante 18 años seguidos.

Restan 11.

De alguna forma, una madre siempre resuelve las cosas.

SMS

social media slave
Did they like my post?
Did they view my story?
Am I cognizant
that this isn't connection?
Am I satisfied?
with being online

Being
On
Line
Off/On

Away message:

"I want to log off forever."

gets cops called to apartment for welfare check

Will you let me log off?
Do you always have to know I'm online?
Do I have to have a daily hot take?
Will I still exist to you if I'm
off-line?

Will you call the cops to my house again
If I delete my
Twitter/ Tumblr/Instagram?
Where I am?
What I'm doing?
Untag me from your life.

Unfollow my every move.

I don't know how to live.
Unless —
Under Big Brother's
Watchful Eye
And you,
Also watching.
Viewing.
Telling on me
When I disappear.
Go "away"

Social Media Break
-ing me apart
Breaking from Reality
Which?
On? or Off?
Which is which?
Which reality is which?
Which reality is the real reality?
Can I log off?
Can I go off?
Will you call the cops?

SMS

Presa de las redes
Magnéticas
Sociales:
¿Podrían darle cinco minutos de atención a lo que acabo de subir?
¿Podrían llenar mi pecho de corazones?
¿O debería aceptar que todo es una farsa?

Todas las empresas saben quién soy, dónde vivo y lo que me gusta hacer en tiempo libre.

Y luego envían encuestas como si ya no lo supieran todo.

No, muchachos. No creo estar satisfecha.

Antes del final del mundo, quiero ver el final del Internet.

Presa de las redes
Magnéticas
Sociales:
Los policías no leyeron mi mensaje de ausencia
Y ahora están en la puerta de mi casa para llevar a cabo un chequeo de rutina.

Ya les dije que quiero estar desconectada para siempre.
No puedo seguir opinando sobre todas las cosas que pasan a diario.
No puedo seguir con el temor de ser olvidada por no subir una maldita foto candente.

¿Al menos el agente del FBI que revisa mis mensajes podría

decirme dónde dejé las llaves?

Y mientras está distraído
Borraré Instagram, Tumblr y Twitter
Para que sepa muy bien que me ha perdido para siempre.

Es necesario recordar cómo vivir sin el gran ojo del gran hermano.
Es necesario recordar cómo poder aburrirnos, sin castigarnos por no ser productivos.
Es necesario salir a la calle sin haber planeado el día entero el día anterior.

Debería ser un derecho poder desaparecer como por arte de magia.

¿Por qué debemos de aceptar que el Internet rompa la realidad como una bestia hambrienta?
Parece que primero debemos cuidar todas sus necesidades.

Después de tirar mi celular a un lago contaminado
Alguien se acercó y me dijo:
"Aquí tienes otro."

Y el agente del FBI
Volvió a ser feliz.

tender loins

I went to The Tenderloin,
San Francisco,
with Jesse
Phoenix Hotel to see The Voidz.

Jorge had just ghosted me
And I couldn't shut up about
him the whole trip.
The trippy part was I saw
Jorge and Berlin walking in SF
embarrassing me, both of them
Closing out our whole story,
strolling in front of my car.
They went to Alcatraz, too.

I went to hell that trip
with Samuel…
Tenderloin.
Right after witnessing Jorge
moving on from me with my own two eyes.
Jesse and I saw Voidz
on the 3rd night of their residency —
At The Great American Ballroom
Halle from Automatic got us on the list,

I got us somewhere to sit because
of my back issues,
so we sat next to "VIP's"
without even trying to.
Accidentally sat next to the lead singer of
Chicano Batman

I told him, "your song was playing when I
gave birth to my son," and he just stared at me.
I tried to take a seat
& that's when Samuel yelled,
"those aren't for you, that's my
friend's seat!"
He was so wasted he almost got
kicked out.
Bardo wasn't even sitting in his seat,
So I went back and took it.
Sam softened up.
"¿De donde eres?"
"De Ensenada."
He was thin, black hair,
big nose,
unironically wore tight, leather pants.
"Where are you staying?"
"Phoenix Hotel."
"What? Me too."
And we both got that look in our eyes.

I kept asking about a girlfriend
or a wife…
Both he & his friends denied her.
I somehow seemed to know
and ignored it.

We made out. He bit my cheeks,
He bit my shoulders,
He put his hand on my thigh.
Tried to find under my dress,
Tried to pry all the way up
And managed to feel

Or not feel…
that I had no underwear.
I pushed his hands down.
"Relax, we can go to the hotel
later, relax…"
I tried to videotape
Julian when he came out
but that jackass kept slapping
my phone out of my hand.

We went to the bar
And he got a tequila.
We went to the opposite end
of our friends.
We were up against the wall
like no one else was there.
I said, "Once they play 'Leave It
In My Dreams,' we can leave."
They did.
We left.

We walked past all the poverty,
drug addiction, society's belly button,
a man shitting on the street —
me, pregnant,
I involuntarily puked in response.
Sam: "Now, why'd you do that?"

He was acting stupid and weird
He didn't want to go to his room,
I said, "It's fine, the show isn't
even over yet."
He took me to his room.

There was a Joy Division tee that
matched mine back home.
He pushed me into the bathroom,
lifted my dress,
and fucked me from behind.
He lasted maybe a couple of
minutes, but it was beautiful.

I felt bad, but Jesse wasn't
coming back to the room, so we
went in there,
went upstairs, and
immediately, Samuel was able to
go a second round with me
on the bed this time
framed red up against
the neon light in the room.
He didn't even take off his pants —
just wormed his dick
out of his zipper.
He brought my legs up to his shoulders.
He didn't even care when I pushed away.
He didn't even care I was in pain.
He came again.

We ran out of the room,
he cornered me and said,
"This is just tonight. That's
all this is, alright?"

"Just shut the fuck up."

We went to the bar.

I got a near-beer.
He'd gotten sober and wanted
to get lit up again.
I wanted to ruin his night like he
ruined mine.

"I'm meeting up with friends,
See you later."

That was at 1 am.
He started blowing up my phone
at 3 am.
"Come back, where are you?"
"I need you back."

This time, he had his chanclas on
and had changed out of the
leather pants.
We went to the front desk
and requested a room
in the middle of the night
like the sluts we are.
Phoenix had no rooms.
So we walked across the filthy street
to our filthy sheets.
He worked and worked
and tried to fuck me for
the third time that night.
All wasted effort.
He gave up. He wouldn't cuddle.
He said it was really nice to meet me.
He left me in the room
and I was happy to be alone.

They say, "To get over,
You have to get under."

Una pequeña historia sobre TenderLoin, San Francisco

Alguna vez fui con Jesse a TenderLoin, San Francisco.
Me quedé en el Hotel Phoenix.
Queríamos ver a la banda de Julian Casablancas que no son
The Strokes.

Jorge había sido un estúpido
que cree que ghostear a alguien puede ser justificado.
Escúchenme hablar de ello hasta en este poema.

Y la cereza en el pastel
fue verlo caminando con Berlín
en el centro de San Francisco:

¿Podrías haber hecho un plan que no me dejara en
vergüenza?

Fue un viaje que se convirtió en un infierno,
donde las pupilas de mis ojos mostraban flamas.
Oh Tenderloin, ¿por qué dejaste entrar a Jorge?

Solo quería ver a The Voidz en The Great American
Ballroom,
Halle de la banda Automatic
nos puso en la lista de invitados.

Samuel se unió en mi desventura.

Seguía con mis problemas de espalda,
y me las ingenié para sentarme cerca de los lugares VIP,
donde tuve la oportunidad de decirle al vocalista de Chicano
Batman:

"Tu canción sonaba cuando estaba naciendo mi hijo."

Se me quedó mirando,
pero gracias a la borrachera de Samuel,
pudo revivir el romance moderno:

Samuel me preguntó, "¿dónde te estás quedando?"
"Phoenix Hotel," contesté.
"Oh, no puede ser, yo también," dijo él.

Mientras, Bardo de Chicano Batman se preguntaba:
"¿Realmente estoy en la zona VIP?"

Le pregunté a Sam
si tenía una novia
o una esposa
o ambas.

Sus amigos y él lo negaron.

Yo, en el fondo, sabía la verdad
pero decidí también ignorarla.

Nos besamos en medio del concierto.
Sam quiso sentir mi entrepierna.
Le tuve que decir:
"Ey, relax, más tarde podremos ir al hotel."

Yo intentaba concentrarme en grabar a The Voidz,
pero el imbécil de Sam no dejaba de quitarme mi celular.

"Cuando toquen 'Leave It In My Dreams,' nos podremos ir,"
le dije a Sam mientras bebía su tequila

y nuestros amigos se perdían en la multitud.

"No me llames imbécil," cantó Julian y la canción finalizó.

Después del concierto,
Sam y yo cruzamos los mares de pobreza,
las trincheras de los adictos:
un hombre cagando en un arbusto.
Tuve que vomitar ante lo acontecido,
mientras Samuel solo se dedicaba a decir:
"¿Por qué no te aguantaste?"

Samuel, un hombre como cualquier otro.

Nos fuimos a su cuarto,
me llevó al baño,
subió mi vestido
y me cogió por detrás.
Solamente duró unos minutos,
pero fue hermoso.

Samuel, un hombre como cualquier otro.

Aprovechamos que Jesse no había regresado al cuarto que compartía con él.
Sam y yo lo volvimos a hacer,
ahora sobre la cama, mientras una luz de neón roja me recordaba que estaba en San Francisco.

No quiso quitarse los pantalones.
Solamente sacó su verga
y puso mis piernas sobre sus hombros.
No le importó que le dijera que parara,

no le importó que le dijera que sentía dolor,
no le importó que lo empujara.

Logró venirse por segunda ocasión.

Salí del cuarto
Y me acorraló en una esquina:
"¿Esto es algo de solo una noche, eh? Solamente eso soy para ti."

"Cierra tu hocico," le dije.

Volvimos a la barra del concierto.
Pedí una cerveza.
Sam ya estaba más o menos sobrio
y yo quería arruinar su noche,
como él arruinó la mía.

"Ya me voy, Samuel. Me voy con mis amigos."

Eso fue a la 1 de la mañana.

A las 3, Sam no paraba de llamar a mi celular.

"¿Dónde estás? Por favor, vuelve. Te necesito ya."

En esta tercera ocasión,
Samuel ya no llevaba sus pantalones de cuero
Ahora traía sus chanclas y
Fuimos al lobby
y pedimos otra habitación
Porque realmente somos dos personas perversas

El Hotel Phoenix ya no tenía más habitaciones.

Así que cruzamos los mares de pobreza
para coger en otro hotel
En otra calle.
Alejandro intentó e intentó,
pero no logró terminar.

Ya estaba sintiendo su culpabilidad…

Samuel, un hombre como cualquier otro.

Hey, gente.
Tomemos un descanso.

Mentí, la tercera vez
lo volvimos a hacer en mi cama,
donde todos sus esfuerzos fueron en vano.

Me dejó sola en mi cuarto,
donde me encontré feliz de estar sola.

Y así fue como superé a Jorge,
ustedes creyeron que lo había olvidado.

Loving You Like a Mexican

I only had one true Mexican lover
his family was from near from where
we're from.
We Google searched the expanse between us…
close… our differences still palpable.
our similarities uncanny.

Once I looked at his skin
for so long, trippin' on acid,
envisioning forever with us.
Hiding my secret high,
dreaming of a life with children,
praying to one day meet his
family. Pretending one day I'd no
longer be a secret.

Our love, a novella, full of drama
there were even those crazy face
slaps and screams and "I never
want to see you agains,"
and "I love you more than anyone
in my life." Even more than myself.
Never again.

Sometimes, I try looking for him online.
I even ask around to people
who once knew us both but
they say no one knows where you are.

I shouldn't even be looking for you.
I would never tell my friends

that I look for you.
The love that sent me to the hospital.
The hate that sent me to the hospital.
The time in between then & now.
Larger, greater, more difficult than
the distance between our original pueblos.
The distance, the difficulty
of the border crossing our families
went through…
our parents meeting & making
babies in El Monte…
babies that grew, turned 18, finally met,
finally acknowledged a love so dormant.
A recollection of that love
reminding me to never love
like a Mexican again.

Un amor mexicano que ninguna telenovela podría replicar

Mi único amante mexicano, una experiencia que no se repetirá.
Vivía cerca de mi casa,
su familia pudo haber sido amiga de mi familia,
y ambos estaríamos perpetuamente asombrados en las cenas de fin de año: tan diferentes, pero a la vez tan parecidos.

Si tienen la oportunidad de meterse un ácido con el amor de su vida,
por favor,
no la desaprovechen.

En la espalda de mi único amante mexicano
crecían las calles, los edificios, los semáforos
del barrio donde nuestros hijos podrían llevar una infancia feliz.
Rezando en las alturas de nuestro cuarto,
sufriendo la eternidad como un choque eléctrico.
Pero aún así,
rezando para dejar de ser el secreto que le oculta a su familia.

Y luego el director grita ¡Acción!
Y comenzamos a empujarnos,
buscando herirnos con un "Ojalá nunca vuelva a verte en mi vida,"
para luego reconciliarnos con un "Te amo, daría mi vida por ti."

Una perfecta novela mexicana producida para que las mujeres puedan ignorar a sus esposos.

Donde el punto culminante
sería yo buscándolo,
buscándolo con sus amigos,
buscándolo en los bares donde solíamos ir,
pero nadie sabe nada sobre él.
Nadie sabe dónde está el hombre que me mandó al hospital,
una clase de odio que nadie debería experimentar.

No debería embarcarme en estas clases de sombrías aventuras.

Mis amistades dejarían de hablarme.

¿Para esto cruzaron la frontera nuestras familias?

Pero antes de que el paso del tiempo comience con sus distorsiones
y no pueda confiar del todo en mi memoria,
dejaré completamente en claro:
Nunca se enamoren de un hombre mexicano.

Brown skin, brown skin

Brown skin, brown skin
Do you know where you're from?
Your mother tongue?
the one the colonizer ripped
out, spat and stepped on?
Colonizer taught you to love
Him & His God
Or else
Extinction
Wipe out
Lineages gone
Precious DNA
Culture of dismay
Lost tribe
Land stolen & sold back
they profit off the skin
off our back
Brown skin, brown skin
golden tint at that
Glisten in the sun
Sun kissed
Colonizer skin cracks
the Revenge in my spirit
Forces me to fight back
Break bread
Crack a smile
Before cracking skulls

PIEL MORENA

A tu madre
La amarraron a un poste
Para cortarle su lengua
Porque los invasores
No quisieron aprender otro idioma.

Luego
Aclararon la piel de Dios
Y fueron misericordiosos
Porque no pensaban limpiar sus hogares.

Aun cuando ellos aman son malvados.

Piel morena
Piel morena
Te dan tan poco
Por el sudor de tu frente

Tu linaje
Tu sangre
Tus tierras

Todo se ha ido

Solamente queda el consuelo
De que el beso del sol
Es tierno contigo

Mientras sus cráneos son atravesados
Por la luz de la venganza
Que te pedirá que estés tranquila

Y que prepares un pan con mermelada

Porque en esta vida
Todo se paga
Piel morena

Ya lo descubrirás
Piel morena.

new ancestor

Nothing is lost
Connection is in the ground
Our practices underground
find the elders
become the elders
Do not gatekeep
Show the young natives
how to cultivate the land
amend the soil, guard the seeds
plant with the seasons
become the seasons
show them amaranth
and cacao
give their pregnant wives dates
wrap babies in rebozos
and give chamomile tea con miel
y limón échale sal a tu corazón
open up and embrace
your culture you can find in your face
massage the memories off your back
find your abuela in remembering
forgotten tribe but reach out into
Aztlán and find them

NUEVOS ANCESTROS

No te encuentras pérdida
Estas pisando el mismo suelo
Que pisaron tus ancestros

Tienes el deber
De cuidar sus lápidas

No te hagas la tonta

Tienes la obligación
De mostrarles a los nuevos
Cómo cultivar la tierra

Enseñarles que tomamos lo mejor del mundo y lo mejoramos

Tienes el derecho
De disfrutar del cacao
Y el cambio de estaciones
Para recuperar energía

Las futuras madres
Te esperan
Lleva dátiles
Y té de manzanilla

Déjales también tu corazón

Tú eres el futuro de tu cultura
Tú eres tu abuela pensando en su abuela
Tratando de recordarla

La encontrarás en
Cuando todo haya terminado.

problematic

To know me is to love me is to lose me

I heard about Iran sending bombs to the Israeli

As a gift

And so I hurried to find an Iranian man to sleep with

As a gift

I wanted to feel like part of the problem

And to find the solution

Find it around your cock

And I wanted to fuck for virginity

Like they bomb for peace

Bombing the Middle East

In every corner, a deceased

problemática

Amarme es saber que en cualquier momento podrás perderme
Escuché que los iraníes se asegurarán que Israel sepa que están en sus pensamientos
Con bombas envueltas en papel maché de regalo
Así que me apresuré para cogerme a uno de Irán
Envuelta solamente en papel de maché de regalo
Quiero sentir que su verga sea la solución a todos los problemas
Quiero ser la solución
Quiero ser el problema

Mientras los muertos se multiplican en el Medio Oriente
Me ocuparé de venirme a nombre de ellos.

whore

I'm a total whore
But only a whore for who
I'm a whore *for*
And I'm picky
Yet not
"A bad picker," your dad
Used to say
About himself
I'm kind of like your dad
that way
We both picked you
At one point
What a fucking mistake

PUTITA

No me cuesta aceptar que soy una putita
Soy una putita cuando alguien se lo merece.

Absolutamente exigente para elegir a mis amantes.

Mucho mejor que tu padre que solía decir
"No sé ni elegir bien el color de mis pantalones."

Me cae muy bien el cabrón de tu padre.

Ambos tenemos que soportarte
Ambos tenemos que amarte.

Un error que rompió nuestra racha de buenas decisiones.

consecrated

I love sleeping in bed with you.

You wear your underwear, I wear nothing. I mess up your covers and feel that I'm in a cloud within your sheets. You reach for me, grip my ribs, hold me tighter, smell my hair and get hard again. I could do it again and again.

This is pleasant. This is peace.

You, making me coffee. Kissing you at the door.

You giving me things to read and then fucking me is everything I've ever needed. I like it when I leave I like the peace in the nothingness. I like to be alone –with you.

CONSAGRADA

Me gusta tirarme a la cama y estar contigo.

Ninguno de los dos usa una prenda de ropa.
Nos besamos nuestras bocas en las nubes de la cama.
Me tomas de la cintura con fuerza
Hueles mi cabello
Te pones duro de nuevo
Podría hacer esto una y otra vez.

Esta es la paz de mil cielos.

Me preparas el café y te despido con un beso.

Todo lo que me has dado para leer
Y tus cogidas son mi alimento.

Me gusta tirarme hacia la nada
Donde estamos solos tú y yo.

overheard

"Well… she lost her first
Love, you know…"

And I thought they were talking about me…

What kind of love could I be?

I wondered what number love did that
make me?

What
Number
Love
Did
That
Make
Me?

ALGO QUE ESCUCHÉ

"Sabes,
Ella perdió a
Su primera amor"

Y me zumbaron los oídos.

¿Cuál es la clase de amor que puedo crear?

¿Qué tan alto puedo volar sobre tus pensamientos?

¿Qué
Tan
Alto
Puedo
Volar
Sobre tus pensamientos?

Badland

i can attain the American dream
then spit on it and leave

I want to become it then defy it
to be an exception & exceptional

love in this country is transactional
my family means more than sacrifice
means thrive
our bloodline means more than strife
falling victim to success

my Spanish gets rusty
so does my knife
I've come to cut English out of my tongue

As soon as you get to this badland

        Run

           Run…

EL PARAÍSO PERDIDO

Puedo ser el sueño americano
Y luego autodestruirme

Puedo ser el sueño americano
Y luego robar una licorería sin ser atrapada

Amar este país
Es amar una cuenta de banco con diabetes
Mi familia vale más que cualquier deuda
Mi familia es el sudor de la frente de la estatua de la libertad.

Nunca me gusta ir a Nueva York.

Mi español se quiebra como una taza de Amo Nueva York
Lo siento mucho por ser descuidada
Ha llegado el momento de dejar de acaparar estúpidos recuerdos.

Cuando te infecte el sueño americano
Correras como un loco que ha visto el final de los tiempos.

fuck bus

I met Jorge Garcia
from the band Hidden Depths
at Echo Park Lake in 2020

He was venting to me about his
on-and-off girlfriend Leti,
a Taurus,
but nothing happened that night.
He just walked me to my car
and took down my instagram

I met him again around Halloweentime
in 2021
he invited me to The Lash
it was a stripper night where
his "friend" was dancing

He bought me gin & ginger ale's
He kissed me as the women danced
practically nude
then he said, "let's get out of here."
We went into his 1960-something
Volkswagen band bus
very much a fuck bus
I was ready

He was so cute, he was short
a creative Chicano
a lead singer
a ring leader
of the bad boys

of South Gate
No real direction
except anywhere where
music will take them
and girls
and beer
and sex, drugs n' rock n' roll
n' all the shit I let take
me out of control
he let me play my
Spotify playlist

we made out
we tried and tried to fuck
he had whiskey dick
or cocaine dick
or heartbreak dick
in the coming years,
I'd never know which
was which
we went at it that night
for hours in the van

I wanted to give up
But I'm no quitter

FUCK BUS

Conocí a Jorge García de la banda Hidden Depths
En Echo Park Lake
En 2020.

Habló y habló
Sobre la bendita de su ex novia
Quisiera aprovechar
Para decir que no pasó nada

Me acompañó a mi auto
Y me agregó en Instagram.

Lo volví a ver en Halloween
En 2021
Fuimos a club de strippers
En The Lash
Su amiga bailaba en el centro de la pista.

Jorge fue lo suficientemente amable
Y me invitó una ginebra
Nos besamos entre culos y tetas
Nos marchamos para besarnos en su autobús

El fuck bus de su banda era de los años setenta.

Jorge era un encantador chaparro
Líder de su banda
Líder de la pandilla de chicos malos
De South Gate

El sin hogares

Su lugar en el mundo
Es donde se encuentran
Las chicas
Los litros de cerveza
El sexo
Las drogas
Y el estúpido rockandroll

Toda esa mierda que me gustaba
Toda esa mierda que me hizo perder el control
Mientras mi playlist de Spotify suena
En el fuck bus de los años setenta.

Nos besamos
E intentamos coger de nuevo
Tenía la verga caída
Por la cocaína
Por el whiskey o
Por el recuerdo de su ex novia

Un amor que le afectaba

Sin embargo
Intenté
Y lo volví a intentar

El fuck bus me había inspirado.

I'll hold you without holding you down
a promise

I love you in the way I don't treat you as a possession
I love you so much I don't want to keep you
My love distracts you from
The other love

The other love
Wants to own
Wants to change
Wants to keep track of
You

I love you when I don't know where you are
But I trust you're in my heart
I love you when I don't know who you're with
I just want to be with you again
I love you because I know you are not mine
But you're in my thoughts everyday
You're not a prisoner of my love

My love is a freedom to you
My love is all the love on your birthday
My love is sharing the stage
My love is relaxed in the knowing
And the not

My love is saying we can go as slow as
possible
As slow as your first slow dance
My love is a chance with you
Algo contigo

Mi casi algo

My love is a butterfly and never crushing its wings
My love is the peace as the butterfly sits on my shoulder
Drawn to me
Drawn to the acceptance of me
Drawn to the aura, the taste and the touch
Drawn to someone who loves you so much
It feels like effortless breath

Drawn to the mystery
The uncertainty
The feeling
The not knowing
The flow
of you
Plus me
Is free

TE SOSTENDRÉ SIN TOCARTE
una promesa

Te amaré sin pensar que me perteneces
Te amaré tanto para poder dejarte ir
Mi amor no se interpondrá con el amor de otros:
El amor de otros es tan bueno como el mío.

Aunque el otro amor
Quiere saber dónde estás
A dónde vas
Qué estás pensando
Qué es lo que quieres de cenar.

Te amo cuando no te puedo ver
E imagino que haces una señal de triunfo
Te amo cuando te imagino con un millón de personas
Y haces una señal de paz por el mundo
Te amo porque no te quiero guardar para mi sola.

Mi amor es la libertad para un prisionero el día de su cumpleaños
Mi amor es la promesa de que nunca serás un prisionero
Mi amor es que me veas decirlo cuando estoy en el escenario
Mi amor es olvidarme de ti por un momento.

Eres la posibilidad de olvidarme de todos los poemas
Eres la posibilidad de parar el tiempo

Tanto lento como la primera vez que bailamos juntos
Tanto lento para no avorazarme
Con la posibilidad que me das de estar contigo.

Mi amor es poder mencionar a las mariposas
Sin que se sienta cursi
Mi amor es una mariposa
Una mariposa embriagada por la cursilería
Embriagada porque vienes a mí
Embriagada porque no le dices no a mi cariño

Embriagada por tu aura
Por tu sabor
Por tu toque
Embriagada por tu amor infinito
Por tu forma de respirar
Por el misterio de saber dónde estás

Embriagada por lo desconocido
Por no saber realmente qué es el amor
Por que tú y yo es suficiente
Para olvidar que escribí este poema.

Their love

I think that love is unrealistic
Even those who've had the best of it
Cry about it
Bitch about it
Yearn
And re yearn
And re learn
That love is bullshit
A capitalistic con job
So that you create more workers
If love was so pure why do you have to work at it

Why do you demand it
Why do you ask for it to come into
the palm of your hand
Why do you feel so entitled to it
Why do you think every man can have it?

It's not like breath
It's not like death
It may be for the lucky

The unspoken few
The rest are presumptuous
Their love is assumptious
Their love begs
Their love grovels for scraps
Their love elongates its size
Their love fits in a church
Their love smiles for the cameras

Their love sleeps without hugging
Their love coaxes without tugging
Their love stings my eye
Begets crying
Their love lives without dying
But they're not even trying
Their love can't be exhumed
Their love was always doomed

AMOR FALSOS

Creo que el amor está sobrevalorado
Incluso quienes han tenido poco de amor
Han llorado
Se han emperrado
Hasta el punto de añorar por una segunda oportunidad
Pero el amor está sobrevalorado
Un fraude perpetrado por el capitalismo
Para tener más trabajadores en la minas y en las fábricas

Si el amor fuera tan puro
Todos nos tendríamos que quedar en casa.

¿Por qué crees que mereces ser amada?
¿Por qué crees que mereces que alguien se te arrodillé?

¿Por qué crees que cualquiera puede tenerlo?
Si el amor no es lo mismo que el aire puro que necesitas para sobrevivir

No es igual que la muerte
Es cuestión de suerte
Un ticket de lotería.

El amor de los demás
No vale la pena contarlo
Piensan que es lo mejor del mundo
Cuando alguien te toma de la mano.

El amor de los demás
Es arrastrarse por migajas
En catedrales

Y sonreír a la cámaras

El amor de los demás
Es una cama fría
Un lindo día

Donde los muertos se levantan
Porque quieren más.

subterranean feelings

for you fuckboys

I write to kill
Excavate with the words
The feeling they wrote as
slurs
What you said to me last night was disturbed
I didn't know how to react
So I didn't
I left you on heard
Waiting to be seen
Your type of love is so pristine
It feels so faint before its felt
It feels like death before I melt
Before the first nuclear bomb
On our tomb
And all this violent talk to overwhelm
To coo, to calm, to numb
All of your casual dating –just for fun
All the girls you think are dumb
Waiting so long to succumb
Your worst fear to admit you
Feel
You're real and human
And dumb, too
I still think that God made you meet me
Feel godlike presence for once
since you're so scared of your own

        You're made of stone

                Made of stone

Made of stone

Stoic as I know
As I'm drawn to
Stoic as a survival skill
Become the steel
The metal you need
The rebar
the faulty enforcement

SENTIMIENTOS SUBTERRÁNEOS
para los fuckboys

Escribo para matar
Sepulcro de la palabra
Lo que solo tú alcanzas a escupir
Las constantes groserías
Todo lo que dijiste anoche fue perturbador.
No supe cómo reaccionar:
Así que no hice nada.

Te dejé en visto
Esperando a que te doliera
La clase de tu amor
Es prístino.

Así era el romance
Antes de la primera bomba nuclear
Un poema para no tener que repetir
Todas tus malas citas
Donde llegas a casa para llorar
Sobre si serás un idiota.

Es de humanos
Convertirse en piedra
Y así te encontré

Es de humanos
Convertirse en piedra
Ser estoicos

Y solo esperar la señal de Dios
para moverse

Y recoger el manual de supervivencia
Y convertirse en el metal

De una armadura defectuosa.

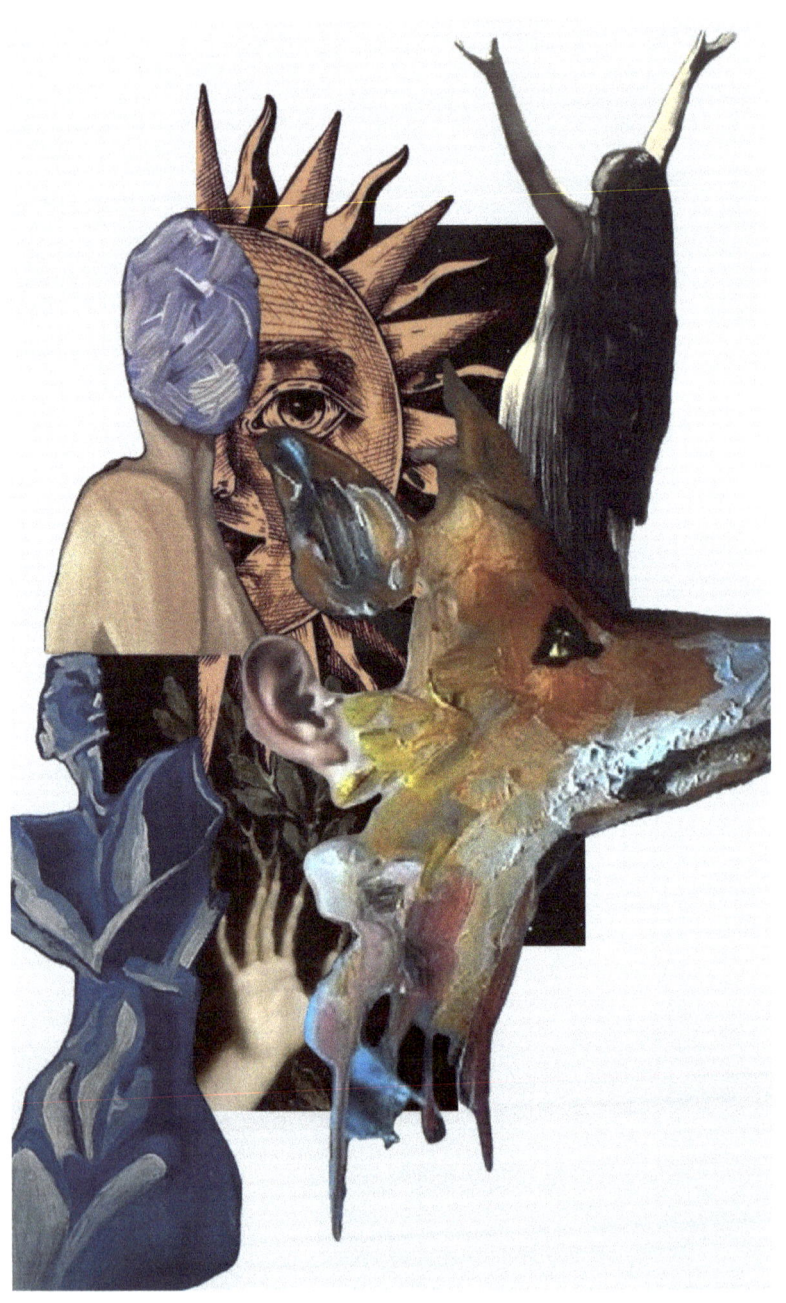

"I love you until the world ends and God dies."
for River

No exaggeration
Just my little king
And his big feelings
For his mother, Queen

He struggles to understand forever
But he describes time past it
How obscene for the Queen to forget her dreams
To love you past it
To have you stand in for a figment
And a fraction of the time
Stand in for a waste
Why do you roam the streets
When we have love at home?

There's nothing like this love
No need to draw comparisons
I live in the world
Where God never dies
And my love never ends

TE AMARÉ HASTA EL FIN DEL MUNDO Y LA MUERTE DE DIOS
para Río

No habrá disculpas
por presumirles
pero el futuro rey
iniciaría la guerra por su madre, la reina.

Sufrirá constantemente tratando de entender
La eternidad de una madre que olvida sus sueños
Qué obsceno parece ser tal abandono;
Amarte más que a ellos;
Una figura que se posa sobre la ventana
y se pregunta:

"¿Qué haces en la calle cuando el verdadero amor se encuentra en casa?"

Les aseguro
que no hay nada como este amor.

En mi mundo
La muerte de Dios
Nunca sucederá.

El amor atraviesa la eternidad.

the edge of the blade that your love cuts with

That the world, for you,
doesn't start and end with me
drives me to madness.
Entrenched in the truth
too difficult to compute.

You love yourself and hate yourself more
than anyone else, or that you'd even let anyone.
You know you don't love me
And you know you never did
Too bad this love didn't make life worth living
Rough patch right toward the end
might be a new direction around new years bend

But you were supposed to lie
at some point and say,

"I would be with you if I believed
in the continuation of the world
If I wasn't so shattered and hurt
By the women who knew me & ran
But the ones who didn't understand
By the ones who could love past me
—See me & walk away
I would love you if I could but I cannot
I will not
I will marry this hurt & this hatred
I will make love to this agony
Bend it beyond belief
Make it a new identity.
I would be with you if I wanted to

But that,
I never did."

Now, we reached some reality
A destination we never occupied together
I live here & I storm its weather

el filo de la hoja con la que corta tu amor

Que me digas
que no soy el comienzo
y el final de tu mundo
parte mi corazón
en mil pedazos

me lleva a la locura

me deja agotada
sin ganas de pensar.

Te gusta
hacerte el dramático
con tu vida:
nadie te amará
u odiará
como solo tú podrás hacerlo.

Sabes muy bien
que no me amas.

Sabes muy bien
que no podrás hacerlo.

Qué malo
cuando el amor
no cumple
su función de hacer
la vida tolerable.

Pero

al final del año
el giro de trama
pudo haber pasado
tú
simplemente
tenías
que haber dicho:

"estaría contigo
hasta el final del mundo
y dejaría de sentir
el dolor de amores pasados…

te amaría de esa manera
pero no puedo

no quiero

me llevaré esta amargura
hasta el infierno

donde solamente
puedo amarme a mí mismo."

Ahora entramos
en la nueva realidad
el destino donde no estás invitado

yo vivo aquí
y soporto sola las tormentas.

it took me all year to write this

I'll have to scour at a later hour I haven't had a moment such a good Mexican trait to create life and what if I did let you win? Who would I be then to let you win? My beauty and youth have a worth slumming it with you was the closest thing to hell I'd ever do to myself we still have something don't you see if you ever find yourself not giving a shit about me, you let me know! Sometimes you feel the kiss of death whispering in your ear limping around Long Beach Caucasian in a Republican way living ancestor rain on my patria cry on my patria I was never fucking American sometimes I feel like I'm still too young to be smoking cigarettes I am a fool of massive proportions to you I dedicated my endless devotion you look at me like little kids look at candy I got to fuck one of the greatest poets I'm not just fucking saying that I was thinking I was turning into an old woman but I wasn't I was turning into myself but it was different I was holding you down with my palm wide open you tried to fuck me up but I'm still soft you didn't change me Mexicans want everything to be a novella and this is not that I guess every nice thing you do for me is your apology and you're trying so hard for my forgiveness I spoon fed him my vag I begin with a sigh *sighs* I like to fuck good poets you call me intimidating there's intimacy then there's dating the men that have loved me have loved me hard. Good and bad. I hate being right but sometimes you force me to maybe one day you'll let god love you again write a poem about Alex's girlfriend finding my book I am the last happy poet I don't know if I love my lovers I make love to my lovers you heal something deep in my vast, vacant void you make me think of how bad of a person I am he gave me the relationship I asked for maybe he gave what he could give when he could give it my pussy is wet. My thoughts are dry I want a man that's like Spanish tile I will never remember today I will never forget today hit me where it feels good I got chamoy on my titties yesterday. "You're hot, that's better than cool." ok I got drunk sue me it's summer and maybe it was beneath me. But I wanted to be beneath him. I am my own perfect woman in bed, at least once, I could always get a man down. Pathetic for you the love of my life counted the moles on my face he realized three of them made a triangle, he called it the Bermuda Triangle you could get lost in it you gave me nothing I still felt something I know what kind of human I am I need sex like I need air I knew what I was in was toxic I was protective of it everything I went through that made me hate where I'm from a dumb rat in God's stupid lab a dumb god in someone's lab Vicente Fernandez his hate goes deeper than his love did I still feel the love through your hate true underground I DON'T EVEN LIKE PEOPLE are you a good person or are you more concerned with being perceived as good? Rather than being? If you were good, you wouldn't be concerned with whether others thought you were I am not forgetting about you love is for teenagers prefrontal cortex vibes lying is all you're good at I see why you do it your dick is like fight club it's like some don't ask don't tell shit no regard for other human life trying to juggle my failures with my successes see which holds more weight which I should drop I have more to convey than I am beauty now that I can afford more than nothing men always circle back like vultures this moment is our love tonight love yeah love estoy llorando una lloradera silenciosa every man wants to be a boy harkens to a darker time this town started as a mistake you don't know what I'm saying but you're smart, you'll figure it out

ME TOMÓ TODO EL AÑO PODER ESCRIBIR ESTO

Tendré que revisarlo más tarde. No he tenido un momento.
Los mexicanos y su manera de honrar la vida. ¿Qué pasaría si
te dejara ganar? Mi belleza y juventud en la cima del éxito.
Pero estar contigo fue insoportable.

A veces, siento el beso de la muerte, y espero dejar de esperar
que me digas si alguna vez te importé un carajo.

Vayámonos
a
Long Beach

donde
un
blanco republicano

corre
y corre

en
Long Beach

y
cae
lluvia

sobre
mi patria

ancestro
viviente

y
en
mi patria

no paran
de llorar

y
yo
nunca

me he sentido
estadounidense.

A veces
siento que no debí
comenzar
a fumar cigarrillos

una tonta
de lujo

una tonta
campeona

por
dejarlo
todo

todo por ti:

devoción infinita.

Me miras como los niños ven las cajas de dulces. ¿Y te conté que dormí con uno de los más grandes poetas? Pensé que me estaba volviendo aburrida, pero no es cierto. El descubrimiento de una vida, de saber quién soy realmente. Cuando te estaba sujetando en la palma de mi mano, intentaste arruinarme. Pero permanecí suave. No me cambiaste. Y los mexicanos quieren, a todas horas, sus telenovelas. Y aquí tenemos otros planes: solamente haces cosas buenas para no sentirte más culpable.

Volví
loco al poeta
con mi pussy

me gusta volver locos
a los poetas
con mi pussy

llámame
intimidante

solamente
destacar
las diferencias
entre

la intimidad

la infinidad
de
hombres

que saben bien amar

que me han amado bien.

Y no me gusta hablar de estas cosas: pero deberías dejar que Dios vuelva a tu vida. Y yo soy la más triste de las poetas: no sé si sé amar a mis amantes. No sé si soy una terrible persona. En este vacío me encuentro, pensando si soy una terrible persona.

Me diste el amor que siempre había buscado

pero
suficiente
de confusiones

mi pussy
está
húmeda
y
mis pensamientos secos

quise
decir

una
disculpa

más
confusiones:

cayó chamoy sobre mis tetas
y alguien dijo:

"ser hot es lo más importante."

y me puse
borracha

okey

déjenme en paz

¡son noches de verano!

quería estar sobre él

en la cama
soy mi versión perfecta

siempre con un hombre rendido

que se atrevió a decir:

los puntos en tu rostro son el triángulo de las Bermudas.

Te podrás
perder

aún
sentiré
algo:

necesito
el sexo
como
necesito
el aire

sabía
qué tan
tóxico
es todo
esto

y me iría
a la guerra
por ello

y todas mis experiencias
me hacen odiar
de donde vengo:

soy una estúpida rata
en el laboratorio
de Dios

ó

la creación
de un Dios
en un laboratorio

ó

Vicente
Fernandez

y su amor
cala
más
que su odio

y yo todavía
siento
amor .
a través
de tu odio

el slogan del amor underground.

Escucha
muy bien:

A MÍ NO ME GUSTA LA GENTE!

¿Eres realmente una buena persona?

¿O eres alguien preocupado por las apariencias?

¿Por qué te cuesta tanto ser amable?

Si fueras
realmente
buena
persona

no te importaría
que hiciera
tantas preguntas

me meto contigo
porque sigues
siendo importante

el amor underground

parecido
al amor adolescente

vibras la corteza prefrontal

mentir
es lo único que sabes

y
creo
entenderlo

lo que traes entre tus piernas
es como

una novela sobre esquizofrenia

por favor
no preguntes

no digas

ó

una mierda parecida

sin ningún respeto por la vida

pero

balanceando

mis fracasos

con

mis éxitos

qué buenos recuerdos

¿cuál de todos debería enmarcar?

¿cuáles deberían echar a la basura?

Cuando
los hombres
andan de
buitres

tendré
que ser
más
que belleza

oh
sí mi amor
estoy
llorando

una lloradera silenciosa

para todos los hombres
que son como
juguetes

y esta ciudad
es una puerta
al infierno

una ciudad que es un total desperdicio.

Todavía no sabes lo que estoy diciendo
pero algún día lo entenderás

eso espero.

Altadena

Don't you love to be strangled into submission by the city you live in?
Reclaim your sense of home among ashes
Everywhere I know is gone
I memorized those streets
The winding road to the best school I could find for my son
The steep incline of Lake Avenue
The wildlife that's with me that breathes the same air as the crunchy moms
Where I've deemed perfect enough to raise my son
Nothing as irreplaceable to me as the sun
Except this place
I told y'all it was pedazo de Aztlán
Pedazo de cambio
A city of fictitious design
Why?
My paradise was all mine
a los mexicanos a mi me los vas a respetar
Who else do you think is going to rebuild this city?
Who you are & what you make of it
Where you're from & what you make of it
If I could just get a taste of it
That first time I stepped foot into the Altadena foothills
In high school
I must've been 16
Half of my life ago
& I used to go to Pasadena from the poverty stricken part of El Monte
A 30 minute drive
For a single mother
For the Whole Foods

My mother had EBT
She gave me $100 a month for food from Whole Foods
because I was hung up on being vegetarian
And I'm hungry now
For Altadena
For he giveth and he taketh away
I have very little left to say
Build me all the way up
And break me all the way down
We will rebuild it
Some say we shouldn't
But this is our land now
Our honor
Fictitiously, forward, onward
A new future
A life still worth living

ALTADENA

Dime que te encanta
cuando la ciudad que habitas
te regala el peor de tus días

y te hace implorar
por un regreso a lo básico
por un regreso al hogar

en estas calles
puedo caminar
con una venda
en los ojos

pude encontrar
un camino sinuoso
para la mejor escuela
y los primeros libros

de mi hijo
en la empinada cuesta
de Lake Avenue

camino a la escuela

de este espacio
y su fauna
y sus madres rechazando lo típico

declaro este espacio
perfecto para criar a mi hijo:

nada tan irremplazable
para mí
como el sol

excepto
este lugar.

Les dije
claro y fuerte
esta tierra
es tierra de Aztlán

amplia tierra
para transformar

una ciudad vendida
por un estafador enmascarado

¿pero por qué me pongo así?

es que este paraíso era mío

y a los mexicanos
me los vas a respetar

¿quién crees que pondrá de pie a la ciudad de nuevo?

eres
quien eres
y eres
lo que haces con ello

eres de donde vienes

y eres
lo que haces con ello.

Tengo tantas ganas
de volver
a experimentarlo
esa primera vez que puse un pie en las colinas de Altadena
en la secundaria
debía tener 16 años

hace media vida

solía ir
a la parte donde vendían comidas saludables
de Pasadena

desde la pobreza del pueblo El Monte

un viaje de 30 minutos
para mi madre soltera

para poder llegar a Whole Foods
mi madre tenía una tarjeta de beneficios

y era capaz de darme 100 dolares en cupones
para que podiera ser vegetariana

y ahora solo siento
un apetito
por volver pisar
por primera vez
Altadena

porque él dá y él quita
y yo tengo muy poco para decir.

Llévame
del cielo
al infierno

nos toca
reconstruir

aunque
unos
digan
no es necesario

esta tierra
ahora es
nuestra tierra

nuestra medalla
en honor
a nuestro coraje

ficticiamente
hacia adelante

en el nuevo futuro

hay una vida
que
vale la pena
ser sufrida.

dog lover

I dream about you every night
Still
I wake up with your name in my mouth
As if you just ran out
Everyday
again and again
You run out on me
I fantasize about having you again
For bed or breakfast
One more time
For old time's sake
Why do you reach out
with a whimper
I want you, too
Will you come over?
I keep thinking you'll try finding my key
under the mat
Or the one under my plant
That you'll just walk in
And take me over again
Give me more to daydream over
You'd hover over me
Tell me to wake up
Pause my nightly mares
Tell me, "I'm back, give me a hug,"
Kiss me to death
Lick me like a dog
Start all over
lovers resigned
No memory lost
Feelings feigned

I'd let you ruin my year
Again and again

Remind me that "love is a dog from hell"
I keep the key
Under the mat
Under the plant
I won't move unless you do

amores perros

Tuve varias madrugadas arruinadas
por soñar contigo

por tener tu nombre en mis labios
al despertar

como si hubieses estado encarcelado
y por fin
pudiste escapar

te escapas de mí

una
y
otra vez

en cada final
de cada día

fantaseo con ver series
hasta la madrugada
y despertar con mucho hambre
pero
sin ganas
para dejar la cama

como en los viejos tiempos

¿por qué te tardas tanto en acercarte de nuevo?

yo también te quiero

¿volveré a verte?

porque no dejo de pensar
en la posibilidad
de que
encuentres mi llave de repuesto
debajo del tapete

o sobre
esa planta

y que
abrirás
mi puerta

y me tomarás de nuevo

déjame otro día
de fantasías
y funciones especiales

donde te posas
sobre mí
y dices que ya despierte

pausando
todas mis pesadillas recurrentes

por favor
dime

"he vuelto
dame un abrazo

déjame
besarte
hasta
la muerte

déjame
lamer
tus heridas
como un perro"

y así
los amantes resignados
deberán
comenzar todo de nuevo

con un pequeño error en la memoria

todos los sentimientos
son una pequeña actuación

y yo
te cuento
sin vergüenza

que te dejaría
arruinar mi año
cuando quieras

una y otra vez

nunca sentiría vergüenza

dejaría
incluso
un pequeño
recordatorio:

"el amor
es un perro
del infierno"

junto
a la llave de repuesto

debajo del tapete
o sobre esa planta

no moveré
nada
hasta que
te aparezcas.

Getting Hurt On Purpose

Sounds like that thing they call love
Getting into a casual relationship
Fucking your friends
Calling people you fuck "friends"
Demented
What stings more than self abandonment?
I got you to do the dirty work for me
Abandon me on my behalf
Your beauty is tiring

HACIÉNDOME DAÑO A PROPÓSITO

Esa estúpida cosa
llamada
amor

Nos lleva
a
relaciones casuales

a cogernos
a
nuestros amigos

a llamarlos
"fuck buddies"

una total locura

porque
nada
cala más
que
olvidarse de uno mismo:

yo te puse
en tu lugar

para destruirlo todo

dame algo de decoro

tu belleza

es agotadora

¿será tiempo de hacer otras cosas?

never

i loved you and i cared
so you opened up
and it felt like so long
many months to work up to the truth
but i was unprepared
to hear about your heartbreaks
how you still care for them
I realized so much was not about me
And you did that on a day that was supposed to be about me
That's the part I think
you never thought about
& you then sent your poem
in conversation with someone
someone you shouldn't speak to
maybe not even fictionally
"never calling anything anything again"
and that line happened and i could no longer pretend
I'm still sorry for how it came out
Whatever I must've said
what I felt was simultaneously getting closer to you, closer than ever
Yet what you said was never
And you said it by poem
When I was right there
And you were thinking of her, her smile, and the one who doesn't deserve her
Your actions and words misaligned
Me, a casualty of your broken heart
I think you forgot that I feel, too
& I forgot to tell you that I love you
now I'll never get to say it past this writing

But you'll never feel it anyway,
this isn't me trying
to start… I just needed to say this this way…

You filled me with your fist
Then you left me empty
May this love never find me again.

NUNCA

Te amé
y
me importabas

así que
te volviste
pequeño

y
te convertiste
en una carga pesada:

no estaba preparada
para escuchar
sobre tus desamores

sobre cómo te importan
todavía

sobre cómo no soy
el centro de tu vida

en un día
donde esperaba serlo
mi pinche cumpleaños

eso es algo
que
no creo que entiendas

comunicaste en

un poema a una persona

una persona que tal vez
no deberías hablarle
ni ficticiamente

ni siquiera en un cuento:

"nunca deseare
tener nada con nadie
jamas volvere a amar"

una pequeña línea
que me desarma

yo no la esperaba

justo cuando
me sentía
más cerca de ti
que nunca

y tú escribiste

"nunca diré que
somos algo
de nuevo"

Cuando
te tenía cerca

y
solamente

pensabas
en ella

en su mirada
en su sonrisa

demostrando
que
no estabas conmigo
realmente

convirtiendome
en una víctima
de tu roto corazón

pero oye

creo que
has olvidado
que
yo también siento

y yo
he olvidado
decirte que te amo

pero
no se verá
en otra parte
que no sea
este poema

sin embargo

a ti
no te importa

esta no soy yo
tratando
de empezar algo
de nuevo

solamente
necesitaba
decirlo.

Me elevaste
a las alturas

para luego

dejarme caer
en el vacío.

Que tu amor
tenga piedad

incluso

contigo
mismo.

a love called regret

Probably the best part of being with you would be parting with you
I have no need for a tool who won't confess false promises anyway
My love for you turned toxic
I had the opposite intention
I must've dropped it
Sometimes it's good for the stories, or the writing, or the heart,
which money knows nothing about
I'm letting you take this year from me
You can have it
It's the only possession you own

un amor vuelto arrepentimiento

Probablemente
lo mejor
de estar contigo

es la idea de separarnos.

No necesito
un cobarde
incapaz
de confesar

promesas
vacías
carentes
de originalidad:

de igual forma
mi amor por ti
se volvió
tóxico

tenía
la intención
de
lo contrario

debí
parar.

Esta clase

de sufrimiento
adereza
las historias

le da sentido
a los poemas

refina
el corazón

y nos aleja
del sucio dinero.

Voy a dejar
que te vuelvas
el ganador del año

tu falsa victoria
tu pequeño orgullo

será
mi regalo.

acknowledgments

Firstly, huge shout out to my unofficial manager Nikolai Garcia, a legendary LA poet in his own right. Nikolai found my first self-published book at Stories Books & Cafe, one of maybe 4 copies, read it, found out how to contact me since I forgot to include contact information (hehe), booked me to read for Trenches Full of Poets in Long Beach in March of 2024, and legitimately changed my life and my poetry for good. When this poetry thing kicks off & I'm a full time writer, you're getting a cut.

To the many poets who've inspired me, held space, been in community with me & have lifted me up in countless ways: Ingrid M. Calderón-Collins, Iván Salinas, Jesse Tovar, Daryl Gussin, soledad con carne, Iris de Anda, Tori Gesualdo, Ezili Jean, Ricardo Limassol and so many more… you make living in the American regime (and talking shit about it) that much more bearable.

To my child, for his unconditional love that makes believing in divinity easy.

To México, to Los Ángeles, to Pasadena and to Altadena forever…

about the translator

Ricardo Limassol (1987, Torreón, Coahuila) es poeta, editor y traductor. Autor de Jóvenes sin futuro, les habla su capitán y Todo Menos Trabajar (Juan Malasuerte Editores), Ganar es de Perdedores (Editorial Ojo de Pez) y, recientemente, CALÍGULA (Editorial Niño Down). Su obra ha sido publicada en diversos medios y ha participado en proyectos literarios internacionales, como la antología Los reyes subterráneos de la editorial española La Bella Varsovia.

Ha colaborado con medios como Metrópolis, Vozed, Letras Explícitas, La Tribu de Frida, Cuadrivio, Días Fantasma, El Butano Popular, errr Magazine, Digo.Palabra.txt, Siglo Nuevo, entre otros; además de dirigir su proyecto editorial Fassbinder Poetry Press. Su trayectoria abarca la edición y la traducción, consolidándose como una figura activa en el ámbito literario.

En 2023, su poema Barbarismos inspiró la exposición colectiva, del mismo nombre, en
la Galería Pequod Co., Ciudad de México. Su obra ha sido referenciada en la Enciclopedia de la Literatura en México (ELEM) de la Fundación para las Letras Mexicanas (FLM).

Actualmente se desempeña en periodismo cultural y publicidad, además de desarrollar su carrera como tester de videojuegos, especializándose en evaluación de calidad, detección de errores y optimización de la experiencia del usuario.

about the author

Laura Sermeño, born in Montebello, CA, raised & educated in Sur El Monte —UCLA matriculated. Her roots are indisputably Mexican. In 2012, she began to unfold her art of poetry. In 2015, she participated in the Voices of our Nation's (VONA's) Southern California Regional Workshop. In 2017, with Las Lunas Locas, her poetry was published in an anthology. In 2023, she self-published her first collection of poetry entitled *born to cry*. Recently displaced by the Eaton fire, she now teaches & resides in northeast Los Angeles.

Contact for bookings:

laurasermeno.com

laurasermeno@gmail.com

instagram: @sagrada.2.0